PROCÈS

DE

LA MODE.

PRIX : 2 fr. 50.

PARIS,

AU BUREAU DE LA MODE, RUE DU HELDER, 25.

—

1836.

A M. LE Vte ÉDOUARD WALSH, DIRECTEUR DE LA MODE.

Je vous avouerai , mon cher Edouard, que s'il y a pour moi quelque chose de plus inexplicable encore que votre procès *au criminel,* c'est l'insistance avec laquelle vous avez prétendu me contraindre à vous livrer les faibles et insuffisantes paroles de défense qui ne vous ont pas sauvé d'une condamnation.

Pour tout vous dire, votre bonne amitié a tellement exagéré, dans LA MODE et ailleurs, les efforts de mon dévoûment, que j'en étais déjà un peu effrayé ; mais aujourd'hui, que vous voulez me soumettre à l'épreuve d'une publicité spéciale et inusitée, il ne me reste plus qu'à protester contre les éloges beaucoup trop flatteurs que l'on a bien voulu m'accorder.

Vous désirez que je convertisse en une brochure en règle, les souvenirs d'une incorrecte plaidoirie, et que je fasse d'une improvisation un discours écrit.

Il suffit, pour improviser, du moins je le suppose, il suffit, indépendamment de la voix et du geste, d'avoir de l'émotion et par conséquent de l'ame, de l'assurance, une sorte de facilité naturelle d'élocution, et pardessus toute chose la permission de Dieu ; c'est sans doute cette dernière condition qui fait dire tous les jours de notre Berryer : il parle *divinement* bien.

Que ne faut-il pas, au contraire, pour se croire en droit de risquer la brochure ? il faut tout au moins une plume, et voilà bientôt deux ans que je n'ai plus d'encre.

Voulez-vous me permettre de faire pour une fois et pour un instant un peu de doctrine, j'allais dire un peu de pédantisme ; cela, j'espère, ne tirera nullement à conséquence ; je dirai donc que le *talent* d'écrire diffère de la *faculté* de parler, en ce qu'on peut apprendre à écrire, ce qui suppose un travail quelconque, tandis qu'on n'apprend pas à parler ; et si, pour ma part, j'étais en possession de l'un de ces avantages, qui tous deux me manquent, j'en serais redevable à ma paresse.

J'aurai dù lui devoir plus encore ; car je pouvais espérer qu'elle me mettrait à l'abri de la tâche que vous avez exigée de moi : vous n'ignorez pas toute la part qu'il lui faut accorder, et combien j'aime à m'y abandonner dans cette vie d'isolement, de caprice et d'indépendance, que j'ai su me faire, et qui est telle en effet, que je ne ressens nulle ambition, nulle envie, que je m'interdis toute exigeance et toute plainte, et que sans être indifférent à la louange, j'ai le bonheur de ne pas détester la calomnie, et de savoir [lui pardonner bien volontiers lorsqu'elle croit devoir s'occuper de moi ; tant j'ai de respect pourles droits de la médisance, qui ne sont la plupart du temps que ceux de l'oisiveté.

Toujours est-il que c'est une brochure qu'il vous faut, au lieu d'un modeste compte-rendu, et lorsque vous l'aurez complétée, après vous être procuré (ce que vous devrez faire tout seul, car pour moi, ma position elle-même ne me permettrait pas de vous y aider) les exactes paroles de notre adversaire, vous la ferez imprimer à grands frais, et tout cela, je vous prie, dans quelle intention ?

Si cette publication a un but dont je ne parviens pas à me rendre compte, mais que la bienveillante intelligence des royalistes est peut-être chargée de découvrir, votre brochure réussira, je dois le croire, et vous rentrerez dans toutes vos avances. Mais si le succès n'en est fondé que sur le prétendu mérite de ma plaidoierie, vous échouerez, je vous en préviens ; vous ne vendrez pas un seul exemplaire, et vous n'aurez du moins à vous en prendre qu'à vous seul.

En résumé, mon cher directeur, vous m'avez mis sur l'affiche sans ma permission ; je veux bien ne pas faire manquer le spectacle ; mais il doit m'être permis de dire au public, puisqu'il s'agit surtout non de parler mais d'écrire, que je suis... enrhumé, et que je réclame toute son indulgence ;

De cœur à vous,

Alfred Dufougerais.

Ce 9 avril 1836.

COUR D'ASSISES

DE LA SEINE,

PRÉSIDENCE DE M. FROIDEFOND-DESFARGES.

Audience du 4 avril.

L'étroite enceinte destinée aux audiences de la deuxième section de la cour d'assises est envahie de bonne heure par une foule considérable, curieuse de savoir comment LA MODE repoussera cette terrible accusation de CRIME que le parquet fait peser sur sa tête. Parmi les royalistes plus ou moins *criminels* qui, par leur empressement, semblent avoir voulu se rendre complices de LA MODE, on distingue MM. le duc d'Almazan, le marquis de Fitz-James, de Rougemont, le vicomte de Nugent, de Fernel, Paira, etc.

L'opération du tirage au sort du jury donne lieu à de nombreuses récusations exercées par le ministère public. Chose incroyable ! malgré tous les soins apportés par M. Rambuteau dans le choix des jurés, il paraîtrait qu'il devient de plus en plus difficile de réunir trente-six contribuables de bonne volonté, tous prêts à se constituer les exécuteurs des hautes et petites œuvres de MM. les ministres.

A onze heures l'audience est ouverte.

Après les questions d'usage adressées au prévenu, la parole est à M. l'avocat-général Plougoulm qui commence par donner lecture de l'article incriminé :

LA RESSEMBLANCE FACHEUSE.

« Il y a, ou pour mieux dire, il y avait à Paris, ces jours derniers, un très honorable gentilhomme anglais, frère d'un illustre général, membre de la chambre haute, qui était venu en France pour passer la belle saison. Le gentleman est un homme qui a passé la soixantaine, dont la figure piriforme est encadrée dans de larges favoris gris, et surmontée d'un triple rang de boucles de cheveux noirs, artistement arrangés en pyramide ; le tout recouvert d'un feutre gris à larges bords. Une énorme cravate de batiste, dont les bouts viennent se cacher derrière les plis tuyautés d'un jabot de même tissu, laisse retomber les deux longues pointes d'un col de jaconas, qui semblent écrasées sous le poids des deux larges joues qu'elles supportent. Des yeux recouverts par deux épais sourcils, qui semblent s'unir par l'habitude d'un froncement continuel ; une bouche dont les coins se relèvent machinalement pour essayer un sourire de commande et de politique, et retombent aussitôt avec l'expression de la défiance et du découragement ; un teint pâle et bilieux, où l'on ne retrouve qu'à peine les traces d'un ancien embonpoint dans des temps plus heureux. Tels sont les traits physiognogmoniques du baronet ; ajoutons à cela une stature médiocre et une corpulence qui tend vers l'obésité, des jambes arquées comme celles d'un maquignon, et pour compléter l'ensemble du personnage, un habit de drap brun passablement rapé, un pantalon noir et un gilet de casimir jaune, plus, le parapluie classique du cockney de Londres, et nous aurons la portraiture à peu près exacte du gentilhomme dont il s'agit.

» Or, est-il que cet honnête baronet a été présenté en certain lieu, où, dès le premier jour, il a été l'objet d'une attention toute particulière : laquais et confidens, intimes et visiteurs, tous se le montraient avec un empressement qui, dit-on, le gênait beaucoup et rendait sa position tellement embarrassante, qu'il a renoncé à retourner dans cette maison.

» Le baronet est allé une seule fois au salon, et il s'est bien promis de ne n'y pas retourner. Un malheureux hasard, l'avait placé en regard du tableau de M. Larivière, représentant l'arrivée de Louis-Philippe à l'Hôtel-de-Ville ; et bientôt il y fut entouré, coudoyé, pressé. Quelques-uns, et c'était le plus grand nombre, haussaient les épaules, en signe de pitié ; d'autres passaient avec affectation le pouce et l'index de la main droite sur leurs moustaches ; d'autres enfin rôdaient autour de lui avec une affectation très caractérisée, et regardaient en face ceux qui regardaient le baronet de travers. Cette espèce de surveillance et de curiosité fatigua le baronet qui sortit du Louvre et n'y est pas revenu.

» Aux Tuileries, où il aimait a se promener le matin, après avoir pris son thé à l'hôtel Meurice, il eut plusieurs jours de suite le désagrément d'être arrêté par des gens qui lui demandaient des secours en lui présentant un placet ; ceux à qui il ne donnait rien s'en allaient en disant avec humeur : *si ce n'est pas lui, il faut convenir qu'il lui ressemble bien!* ceux au contraire, en faveur desquels sa générosité se signalait par le don d'une pièce de cent sous, disaient en l'accablant de bénédictions : *on voit bien que ce n'est pas lui ; à ses manières il n'y a pas à s'y tromper.*

» Louanges et blâme le fatiguèrent tellement, que le bon baronet déserta les Tuileries, et que le parapluie à la main en guise de canne et le chapeau gris sur l'oreille, en mauvais garçon, comme dit Scapin, il alla se promener sur la route de Neuilly. Il parait que ce fut encore autre chose. Il était à peine dans la grande allée des Champs-Elysées, que déjà il avait derrière lui une vingtaine de cavaliers en pantalon gris, qui couraient donner des mots d'ordre, à des vedettes échelonnées sur la route, tandis que d'autres mettaient leur cheval au pas pour le suivre à portée du pistolet. Quelques-uns, après l'avoir regardé attentivement sous le nez, tournaient bride, comme des gens désappointés et qui avaient été dupes d'une méprise. Fatigué de cette ennuyeuse surveillance, dont il ne pouvait pas s'expliquer le motif, le baronet s'était dirigé avec humeur du côté du pont de Neuilly ; il se promenait silencieusement sur la rive droite de la Seine, en cherchant à s'expliquer l'espèce de mystification dont il se voyait la victime, depuis son arrivée à Paris, lorsque tout à coup trois ou quatre hommes, à mine très expressive, sortent inopinément de derrière les arbres qui bordent la rivière ; ils s'avancent hardiment vers le baronet, qui commence, à défaut d'autres armes, à se mettre en défense en croisant son parapluie en guise de baïonnette. La lutte n'aurait pas été longue, et le gentilhomme breton courait grand risque de boire en une heure plus d'eau de la Seine, qu'il ne boit en une année de clairet et de vin de Champagne, quand un *Goddam* très énergiquement prononcé, fit arrêter tout court les quatre assaillans qui le regardaient de la tête aux pieds, et qui s'écrièrent presque en même temps : *Eh! quelle boulette nous allions faire, ce n'est pas lui, c'est un rosbiff qui lui ressemble.* Le plus poli de la troupe, en faisant ses excuses au baronet de la liberté grande, lui dit en le saluant d'une bouffée de tabac: *il faut convenir, monsieur, que vous avez une fâcheuse ressemblance.*

»Le baronet s'est tenu pour suffisamment averti; il est monté tout aussitôt dans une Courbevoisienne, est rentré à l'hôtel Meurice, a fait ses paquets, payé son bill et demandé des chevaux de poste, pour reprendre, sans se donner le temps de dire adieu à ses amis et à ses connaissances, la route de Douvres. où il doit être arrivé lundi dernier entre deux et trois heures de l'après midi, s'il n'a pas fait de mauvaises rencontres.

»Cette petite anecdote, *historique* en tout point, fait depuis huit jours l'entretien de tous les salons de Paris. Le récit en est venu, à ce qu'on assure, des salons de lord Granville. Nous pourrions à la rigueur donner le nom de l'honorable gentlemen; mais il nous suffira, pour qu'on nous juge bien informés, de dire seulement que le baronet qui en est le héros ou la victime, est très proche parent de sir John P..., frère de lord Béresford.»

«Vous venez d'entendre la lecture de cet article injurieux, messieurs les jurés, dit M. l'avocat-général, et vous ne pouvez encore bien apprécier cependant le délit qui a présidé à cette attaque. Par le temps actuel, au milieu de la forte désapprobation qui accueille quiconque déverse le mépris contre la personne du roi, c'est d'une attaque contre sa vie que le journaliste fait l'objet de ses plaisanteries. Quelle peut-être la cause de cette animosité, de cette fureur? Certes, nous n'avons pas ici à faire l'éloge du roi; sa vie est trop connue, trop pure pour avoir besoin d'être louée : est-il un homme dont les mœurs, la vie commandent davantage le respect? Le roi est-il un homme que doive accueillir le mépris? C'est ce que suppose LA MODE cependant, parce que l'esprit de parti ne calcule pas, parce que LA MODE est un journal *carliste* qui a juré haine et guerre à la personne sacrée du roi.

»Quant à l'article en lui-même, au crime, car il y a crime, le simple examen, la lecture l'établit jusqu'à l'évidence. Il est constant que la personne dont il s'agit est la personne même du roi, quelqu'équivoque que l'on ait voulu y répandre; que c'est à la ressemblance que l'on suppose exister entre un personnage imaginaire et le roi, que ce personnage doit d'être en butte aux injures, aux avanies, aux dangers même.

»Nous ne croyons pas qu'il convienne à la loyauté du défenseur d'arguer de ce que, parce que le nom du roi n'est pas prononcé dans l'article, ce ne soit pas de sa personne qu'il s'agisse; nous l'avons déjà eu pour adversaire : sa franchise nous est connue : nous voulons croire à sa bonne foi : mais ce serait un système trop facile que celui qui conclurait de là qu'il n'y a pas une culpabilité évidente. D'un tel argument nous appellerions à la conviction du jury, à sa conviction simple et impartiale. (M. l'avocat-général donne de nouveau lecture de la partie de l'article où il voit une description de la personne royale). N'est-ce pas bien là, dit-il, une de ces odieuses caricatures qui, avant le *bienfait* des lois de septembre affligeaient les yeux? Quand on a eu le courage d'écrire un pareil article, il faut avoir le courage d'en porter la peine.

»Oui, il y a crime. Long-temps les attaques contre la personne du roi ne furent réprimées par la loi que comme délit: l'attentat de juillet a ouvert les yeux sur ce tort. On a compris qu'il pouvait se trouver de misérables fanatiques dont le cerveau s'égare à la lecture de telles attaques, et qui, passant de la théorie à l'action, commettaient le crime auquel ils étaient poussés tous les jours. Voilà pourquoi fut portée cette loi salutaire, qui a converti en crime l'attaque contre la personne du roi.»

M. L'avocat-général termine son réquisitoire en demandant au jury une condamnation qui sera, dit-il, le premier exemple d'une justice très sévère, mais nécessaire et réclamée par l'intérêt du pays.

La parole est au défenseur de LA MODE :

«Messieurs les jurés, dit M. Dufougerais, malgré tout ce que vous venez d'entendre, l'accusation qui vous est déférée me semble tellement faible et si puérile que je comprends très bien que le parquet ait senti la nécessité de mettre en avant, pour la soutenir, un de ses athlètes les plus infatigables et les plus zélés.

»Par la même raison vous ne devez pas vous étonner que le prévenu, peu inquiet sur le résultat d'une pareille affaire, et plein de confiance dans vos lumières et dans votre impartialité, ait fait choix pour le défendre d'un obscur champion, avocat comme quelques autres, plutôt par le titre que par l'expérience ou le talent : j'avouerai toutefois que je me sentirais porté à m'effrayer un peu moins de mon insuffisance lorsque je songe au peu de gravité des charges que j'ai à combattre ; c'est même à ce point qu'il nous a bien fallu chercher à ces poursuites un motif indépendant de l'article inoffensif qui paraissait les avoir provoquées ; et comme elles ont atteint, en même temps que nous, deux autres journaux de notre opinion, il nous a été permis de croire qu'elles se rattachaient à un système ou qu'elles pouvaient ne pas être étrangères à une volonté sous l'influence de laquelle, en vertu de la hiérarchie administrative, tous les parquets de France se trouvent placés : nous nous sommes dit que M. le ministre de la justice....

M. Plougoulm interrompant : Vous n'avez pas le droit de vous occuper du ministre.

M. Dufougerais : Si je m'écartais dans ma défense des droits que je puis avoir, ce serait à M. le président et non pas à vous à m'en avertir : je reprends : Nous nous sommes dit que M. le ministre de la justice, qui avait bien voulu se croire accusé d'une sorte de prédilection pour notre opinion, s'était apparemment fait un devoir de prouver, dès son avènement, qu'on l'avait mal, ou trop bien jugé ; que dès lors il avait résolu d'agir ou de faire agir, en ce qui nous concerne, avec une rigueur extrême, et telle en effet que nous en serons bientôt réduits à regretter la mansuétude de son prédécesseur : quant à celui-ci....

M. le président interrompant : Les actes des ministres sont et doivent rester étrangers à votre plaidoierie.

M. Dufougerais : Ceux de ces actes que je ne veux qu'indiquer, s'y rapportent au contraire nécessairement : je cherche la véritable cause de toutes ces poursuites ; je ne la vois pas, en ce qui nous concerne, dans l'article incriminé ; si haut que je remonte, il doit m'être permis de la rechercher, de la signaler, et M. le président ne voudra pas s'opposer à de pareilles investigations.

M. le président : Je vous les interdis positivement.

M. Dufougerais : J'obéis ; MM. les jurés apprécieront.»

Nous rétablissons ici la partie du plaidoyer de M. Dufougerais, dont il a dû faire le sacrifice ; nos lecteurs jugeront si elle était de nature à ne pas pouvoir être prononcée à l'audience.

« Quant à celui-ci (M. Persil), il était si bien écrit que nous n'avions aucun ménagement à attendre du procureur-général dans le procès des ministres à la cour des pairs, qu'il a fort bien pu, sans se compromettre, nous ménager un peu plus que le défenseur de M. de Chantelauze : Je ferai pourtant remarquer que dans l'hypothèse que je viens de présenter en me rendant compte des motifs de notre poursuite, M. le ministre de la justice se serait étrangement trompé :

»A son avènement au ministère, il n'était pas soupçonné de bienveillance envers nous, il était soupçonné de bienveillance envers tout le monde : on croyait à son esprit de conciliation et de sagesse ; on était plein d'espoir et de confiance dans son indulgence et dans sa modération ; car le moment paraissait souverainement propre à l'emploi de tant de qualités rares et précieuses, et jamais homme d'état qu'on avait pu croire aussi heureusement doué que lui, n'était arrivé au pouvoir dans des circonstances plus favorables ; elles semblaient faites tout exprès pour lui, et il semblait avoir été créé tout exprès pour elles ;

»Si par un de ces retours humains, de ces changemens subits et complets qui sont si communs de nos jours, il refuse aujourd'hui de s'en souvenir et de les comprendre, s'il prétend ne les satisfaire que par un redoublement de sévérités et de rigueurs, c'est là du moins un système auquel j'ai l'espoir que vous ne vous associerez pas; et c'est plein de cette confiance que j'aborde la cause qui vous est soumise. »

M. Dufougerais établit d'abord que le personnage qui a donné lieu à l'article de LA MODE existe réellement ; nombre de personnes ont pu le voir, et il s'en trouve même dans l'audience qui l'ont rencontré dans les théâtres, aux promenades, et qui en déposeraient au besoin ; si on doutait du fait, ce serait le cas de recourir à une enquête, à une expertise.

« Nous avons eu, dit M. Dufougerais, les expertises en écriture, qui à la vérité n'étaient pas très concluantes; essayons des expertises en physionomies, peut-être serons nous un peu plus heureux.

» Le portrait que LA MODE a donné, s'il est désobligeant pour quelqu'un, l'est donc pour celui dont le journal a voulu s'occuper; il vous plaît de le trouver également injurieux pour Louis-Philippe parce qu'il lui ressemble; l'injure, qu'est-ce qui la commet, qu'est-ce qui devrait en être responsable ? vous seuls, car elle ne résulte que d'une interprétation qui vous appartient.

» Je pourrais ici, usurpant votre rôle, dont en vérité vous vous acquittez assez mal, défendre Louis-Philippe contre vous-même, et soutenir que ce portrait en effet peu flatteur, ne saurait lui appartenir.

» Je dirais par exemple qu'il ne faut pas donner à cette désignation de *figure piriforme* le sens exclusif que vous lui avez assigné : le mot *piriforme*, d'après le dictionnaire de l'Académie, pour le moins aussi classique que votre réquisitoire, veut dire *en forme de poire* ou *pyramidal*; j'ignore jusqu'à quel point la première de ces deux traductions pourrait concorder avec la figure de Louis-Philippe; je serais même tenté de croire qu'elle ne s'y rapporte en aucune manière, et je n'aurais qu'à me souvenir de l'arrêt d'acquittement obtenu contre vous-même, sur ce délicat sujet, en faveur du journal *la Caricature*; au surplus ma perspicacité n'est pas la vôtre; ce que je ne crains pas d'affirmer, c'est que la tête de Louis-Philippe ne contient absolument rien de *pyramidal*.

» *Une bouche dont les coins se relèvent machinalement pour essayer un sourire de commande*, ne saurait ressembler à la bouche de Louis-Philippe; Louis-Philippe sourit sans efforts et par habitude; il sourit à tout le monde; il a presque constamment le sourire sur les lèvres.

» *Un teint pâle et bilieux* : si nous avions dit : *un teint rouge et fleuri*, quelque exacte que puisse être la prétendue ressemblance, on conviendra qu'elle serait plus frappante encore.

» *Où l'on ne retrouve qu'à peine les traces d'un ancien embonpoint* (l'embonpoint de Louis-Philippe est très actuel), *dans des temps plus heureux* : je ne sache pas que Louis-Philippe ait jamais été plus puissant, plus heureux qu'il ne paraît l'être, que sa fortune ait jamais été plus grande; et je ne vois pas, après la couronne de France, ce qu'il pourrait avoir à ambitionner.

» *Stature médiocre*; il suffit d'être entré au Musée, pour savoir que la stature de Louis-Philippe est bien loin d'être médiocre, à moins pourtant qu'on soit sans aucune confiance dans l'exactitude du talent de nos peintres.

» Mais c'est surtout parce que Louis-Philippe porte des favoris noirs, et non pas

es.favoris gris; c'est parce qu'il ne se coiffe pas au mois de février d'_un chapeau gri_
mais d'un chapeau noir, qu'on pourrait être autorisé à soutenir que la ressemblance
avec le personnage désigné par LA MODE, ne peut pas lui être applicable, et qu'il est
mal et très-mal au ministère public de vouloir, malgré tout, la lui imposer.

» L'infraction reprochée au journal, et que je qualifierai (car elle est toute nouvelle et il faut bien lui trouver un nom), de _crime par analogie,_ disparaîtrait donc entièrement ; on n'aurait pas pu offenser Louis-Philippe, même indirectement, par _ana-
logie,_ puisque la personne offensée serait sans ressemblance avec lui ; il n'y aurait
plus de procès, et c'est un procès qu'il faut de toute nécessité à l'accusation ; elle a
déclaré qu'elle en réclamerait au besoin la concession de notre franchise.

» Eh bien ! notre franchise lui accordera ce procès, et il n'y aura pas de mécomptes
pour son zèle. Nous ne demandons pas mieux que de la suivre sur le terrain où
elle nous appelle ; nous accorderons, puisqu'elle l'a infailliblement décidé, que la ressemblance avec Louis-Philippe est incontestable, et pour lui plaire encore, nous voulons bien avoir offensé Louis-Philippe,, si tous les incidents racontés et dont la personne qui lui ressemble aurait été la victime, ne sont pas en effet naturels et très
vraisemblables.

»Il est, je crois, impossible de se placer dans une position plus nette et plus fran-
che. »

M. Dufougerais établit ici, que tout ce qui est arrivé au baronet anglais dans les
différentes circonstances rapportées par le journal, et spécialement lors de sa visite
au musée, aurait pu également arriver à Louis-Philippe.

«_Aux Tuileries,_ continue le défenseur, _il a eu plusieurs jours de suite le désagrément
d'être arrêté par des gens qui lui demandaient des secours ;_ il donnait aux uns, il refu-
sait de donner aux autres, et on le prenait alternativement pour lui-même, ou pour
Louis-Philippe : qu'y a-t-il là d'inadmissible et d'extraordinaire ? Louis-Philippe, si
généreux qu'on le suppose, peut ne pas ouvrir sa bourse à tout le monde, et puis les
pauvres sont si exigeans, la misère rend si injuste ! il faut leur pardonner leur mécon-
tentement, et jusqu'à leurs prétendus outrages ; ils ne sauraient avoir rien d'offensant.

» _Le baronet va se promener sur la route de Neuilly, mais il est à peine dans la grande
allée des Champs-Élysées, que déjà il a derrière lui une vingtaine de cavaliers en pantalon-
tons gris, qui courent donner des mots d'ordre à des vedettes échelonnées sur la route etc,.,_
d'où il suit tout simplement que la police est bien faite, et que M. Gisquet ne s'endort
pas : était-il défendu à LA MODE de rendre hommage à l'active surveillance de ce fonc-
tionnaire ? _Le baronet se dirige avec humeur du côté du pont de Neuilly ; trois ou
quatre hommes à mine très expressive, sortent inopinément de derrière les arbres ; ils
s'avancent hardiment vers le baronet, qui commence, à défaut d'autres armes, à se mettre en défense en croisant son parapluie en guise de bayonnette...._ Tel est l'attentat
horrible que l'on reproche à LA MODE d'avoir imaginé, et dont on ne veut pas que Louis-
Philippe ait pu devenir la victime ; et pendant qu'on soutient ici qu'un fait pareil ne
peut être que mensonger, on entreprend de prouver à d'autres juges qui siègent au-
dessus de nos têtes, qu'un complot a été formé dans le but de faire sauter la voiture
de Louis-Philippe, lancée au galop, au moyen d'un baril de poudre, et qu'un homme s'est
chargé à lui tout seul de l'exécution de ce projet !

» Je soutiens à mon tour que pour des hommes de bonne foi, et dans les circonstances actuelles, tout ce que LA MODE a rapporté aurait pu réellement arriver à Louis-
Philippe ; rien ne prouve que l'anglais dont il est question n'en ait pas été la victime ;
il s'y trouvait suffisamment exposé par sa ressemblance ; nous étions donc en droit
de publier les infortunes de cet étranger, et nous n'avons été que narrateurs.

»Au surplus, si cette ressemblance elle même a dû entraîner des inconvéniens inévivitables, elle a pu offrir aussi quelques avantages : nous ne prétendons pas que le baron anglais n'ait pas eu de flatteuses rencontres, qu'il ne se soit pas vu parfois environné d'hommages, et qu'il n'ait pas été l'objet de certaines ovations; si nous avions recherché pour les enregistrer toutes seules, les agréables méprises dont il a sans doute été redevable à sa ressemblance, il est probable qu'on se fût un peu moins pressé de nous poursuivre.

» Qui ne voit d'ailleurs, que l'article pris dans son ensemble, pourrait être considéré comme étant plutôt favorable à Louis-Philippe? Sous ce rapport je serais tenté de prendre l'accusation pour une flatterie ; elle aura compris qu'un pareil article ne pouvait avoir assez de retentissement. Louis-Philippe en effet, y joue le rôle d'un roi populaire; quelque part qu'on le représente, il est seul et sans escorte; à Neuilly même, telle est sa confiance et tel est aussi son courage, qu'il se promène tranquillement à l'écart, pendant qu'on juge à Paris la veuve Chaveau et ses jeunes co-accusés; heureux le roi dont on peut dire qu'il ne se renferme pas dans son palais, qu'il a été reconnu dans la rue, où il a pu rencontrer d'ailleurs d'autres hommes que des flatteurs ; heureux le roi dont on peut dire qu'il a été, comme un simple particulier, abordé par des pauvres, et qu'il leur a fait l'aumône de la main à la main!

» Quant au titre de l'article *fâcheuse ressemblance*, fâcheuse ne peut pas être pris en mauvaise part: c'est une chose qui ennuie, qui incommode, mais qui ne blesse pas : une division dans le ministère est une chose *fâcheuse* et n'est pas offensante; l'incendie du vaisseau le Tracadéro est un événement *fâcheux* pour la marine, mais il ne saurait, nous l'espérons au moins, avoir rien d'offensant pour elle.

»Lorsque le comte de Lude, pendant le siége de Paris, tomba dans une embuscade où l'on attendait le roi, il faillit y périr ; la ressemblance était fâcheuse, quoiqu'elle concernât Henri IV, mais elle ne fut point offensante.

» Pendant les malheurs de la guerre en 1712, avant la victoire de Denain, les partisans ennemis arrivèrent jusqu'aux environs de Compiègne. Un détachement s'empara du grand écuyer croyant s'emparer de M[r] le Dauphin. La rencontre faillit être fâcheuse, mais le grand écuyer ni le Dauphin ne s'en offensèrent.

» Je ne vous parlerai pas de Lesurque, cette intéressante victime, ni de tant d'autres. La nature de ma cause m'oblige à chercher des exemples moins sombres, tels que celui-ci :

»Il se trouvait, il y a vingt-cinq ans, à Paris, un acteur nommé *Chevalier*, qui obtint un succès de vogue, par la ressemblance qui existait entre lui et l'empereur. S'il vivait aujourd'hui, les directeurs du Cirque en tireraient bon parti. Ce Chevalier joua avec le plus grand succès le rôle du premier Consul, dans une pantomime intitulée le *Passage du Mont-Saint-Bernard*; il imitait Bonaparte dans sa démarche, dans sa tenue, dans son costume, dans ses gestes, dans ses habitudes; singeant jusqu'à ses manières de lorgner et de prendre du tabac. Les journaux rendirent compte de cette singulière ressemblance, que l'acteur ne se contenta pas d'essayer au théâtre, mais qu'il reproduisit à la ville au moyen d'une redingote grise, et d'un petit chapeau. L'empereur, loin de se fâcher, alla incognito avec Duroc voir la pièce dans une loge grillée; il s'amusa beaucoup de l'effet que produisait son Sosie; il n'eut pas la pensée de le faire traduire en cour d'assises. La pièce fut jouée plus de cent fois.

» J'ignore le nombre de représentations qu'ont eu les Menechmes ou Amphytrion; mais ces deux pièces n'ont été faites qu'en vue de cet inconvénient des *ressemblances fâcheuses*, que LA MODE à son tour a cru pouvoir signaler.

»Et c'est dans cet article dont je viens de vous indiquer l'intention morale qu'on prétend trouver une offense à Louis-Philippe, un crime punissable par une peine *afflic-*

tive et *infâmante*, vingt années de détention dans une forteresse du royaume , et cinquante mille fr. d'amende ! »

M. Plougoulm interrompant : Le défenseur devrait savoir qu'il lui est interdit de faire connaître au jury la peine dont son client peut être atteint.

M. Dufougerais : M. l'avocat-général se plaindrait moins de cette prétendue indiscrétion, si les griefs reprochés à LA MODE étaient plus en rapport avec la peine exorbitante dont il a entrepris de les faire punir.

M. le président : Vous avez signalé le *maximum*, vous deviez indiquer aussi le *minimum* de la peine.

M. Dufougerais : M. le président trouve à son tour que je n'en ai pas assez dit : je dois donc convenir qu'il existe en effet *un minimum* de la peine; il est de CINQ ANNÉES de détention, et de DIX MILLE FRANCS d'amende; deux *minimum* !

« Je dis que pour que le terrible article 2 de la loi de septembre 1836, y compris le *minimum* de la peine , fut applicable, il faudrait d'après l'opinion même de M. Sauzet dans son rapport sur cette loi , que LA MODE eût mis *la société en péril*, qu'elle se fût *attaquée à la sûreté même de l'état* ;

« L'état, convenons-en, serait dans une position plus *fâcheuse* que le baronet anglais, si l'anecdote racontée tant bien que mal dans LA Mode pouvait attenter à sa sûreté.

« C'est un article de mœurs que le journal a publié : l'épigramme ne lui était pas interdite; les lois de septembre n'ont pas pu la proscrire; elle était française sous Mazarin; il faudra bien qu'elle le soit sous M. Thiers; elle a eu le droit de s'attaquer à tous les pouvoirs, et ils ont eu pour la plupart le bon esprit de l'accepter et de la subir, aucun d'eux n'a péri par elle ; en un mot s'il y a une société au monde dont l'existence soit assurée contre l'épigramme, c'est bien assurément la société française. On nous a parfois et trop injustement accusés d'être du parti de l'étranger ; ce reproche devrait être fait à nos adversaires eux-mêmes, et ils ne seraient pas de notre pays s'ils refusaient de la comprendre, cette ennemie nécessaire et peu dangereuse , s'ils prétendaient la dominer et l'étouffer ;

« Vous prononcerez donc , MM. les jurés , en hommes impartiaux et intelligens sur l'accusation absolument inadmissible qui vous est soumise : J'ose le dire, ce procès n'est pas en rapport avec la gravité de cette audience ; il blesse jusqu'à un certain point votre dignité de juges; j'ajouterai, en terminant, que si l'art oratoire n'est pas entièrement déchu dans notre pays, les frais d'éloquence faits par l'accusation sont peu dignes aussi de l'homme d'un caractère grave, qui employait autrefois ses loisirs à la traduction de Démosthènes! je le rappelle aux obligations que lui imposait cette noble tâche de ses jeunes et honorables années; que si, malgré tout, il persiste, s'il prétend me ramener sur un terrain où j'aurais voulu, pour lui-même, ne le pas rencontrer, je suis prêt à l'y suivre. »....

M. Plougoulm se lève pour répliquer.

« La défense , dit M. l'avocat-général, vous a été présentée avec un talent qui prouve que si l'avocat se tient la plupart du temps en dehors de sa profession , rien ne lui manquerait pour l'exercer avec éclat : c'est un hommage que nous nous plaisons à lui rendre , tout en déclarant que nos convictions restent les mêmes, et qu'il y a lieu, suivant nous , de maintenir l'accusation dans ses termes :

» Veut-on que le personnage qui fait l'objet de l'article de *la Mode* existe en réalité? Dans cette hypothèse, que nous sommes loin d'accepter, le rédacteur de l'article nous semblerait tout aussi coupable ; il ne le serait pas moins que ceux qui , à la vue de cet étranger, et le prenant pour le roi lui-même, auraient, ainsi que l'article le suppose, *haussé les épaules en signe de pitié* : le crime serait en effet tout entier dans leur pensée, dans leur intention; et on prouverait qu'ils ont commis une offense envers la personne du roi , en établissant que c'était à lui qu'ils croyaient et qu'ils voulaient adresser cet outrage. Voilà ce que nous avons démontré d'une manière irréfragable à l'égard du rédacteur de *la Mode* : tout au plus, celui-ci pourrait-il implorer votre indulgence en se rejetant sur la futilité de son journal ; mais une répression forte et nécessaire ne nous semble pas moins, messieurs les jurés , indispensable , et vous ne donnerez pas, dans une pareille affaire, le scandale d'un acquittement. »

« Le scandale d'un acquittement! s'écrie M. Dufougerais ; c'est le scandale d'une condamnation qu'il faudrait dire ; car si , en bonne logique, une condamnation est impossible, comment pourrait-elle être équitable? On m'a conseillé de recourir à votre indulgence, et l'on a montré par-là que l'on n'était pas bien sûr de votre sévérité. Je remercie le ministère public de ses charitables avis ; mais je lui demande la permission de ne les pas suivre , je ne veux m'adresser qu'à votre bon sens et à vos lumières.

» En pareille matière, tout le crime est dans l'intention, vous a dit M. l'avocat-général ; les auteurs des prétendus outrages auxquels une personne aurait été en butte par suite de sa ressemblance avec Louis-Philippe , seraient tout aussi coupables que le rédacteur de l'article, si ces outrages ont été imaginés par lui : où nous conduirait un pareil système ?..

M. Plougoulm interrompant vivement : Vous avez mal interprété ma pensée , vous dénaturez mes paroles.

M. Dufougerais : C'est bien là ce vous avez dit. Peut-être prévoyez-vous où je vais en venir, mais il n'est plus temps ; je ne fais que répéter vos paroles, elles me sont acquises ; les voici, je les ai écrites en vous entendant : oui , c'est bien là ce que vous avez dit , je l'affirme sur serment. (Vive sensation. M. Plougoulm garde le silence.)

» Où nous conduirait un pareil système, reprend M. Dufougerais ? S'il y a des coupables , vous devez les poursuivre : vous serez donc obligés de traduire en cour d'assises les quatre individus auteurs de la tentative d'assassinat racontée par *la Mode* : il faudra que vous obteniez contre eux une condamnation à mort , sous le prétexte que leur intention n'était pas douteuse , et que c'est bien Louis-Philippe qu'ils avaient formé le projet d'assassiner ; peu importera qu'ils se soient trompés sur la personne , et que par suite, l'assassinat n'ait pas été consommé : le crime restera le même.

» Il n'y a pas et il ne saurait y avoir de crime, vous répondraient-ils avec raison; dès que vous ne nous mettez pas en présence du roi lui-même, toute poursuite vous échappe, et vous ne pouvez rien contre nous.

» A mon tour , je vous le demande, croyez-vous qu'on vous accorderait la condamnation de pareils hommes , et qu'il vous serait permis de les faire conduire à l'échafaud : non , cela est impossible ; vous le savez aussi bien que moi. Eh quoi cependant! eux les auteurs du fait, ils seraient innocens , ils ne seraient pas punissables ; le fait en lui-même ne pourrait constituer aucun délit, et nous, qui l'avons simplement raconté, nous devrions être poursuivis, nous mériterions une peine , nous aurions commis un crime ! Il ne peut pas en être ainsi , votre système lui-même s'y oppose ; il conclut contre vous ; je m'en empare : le meilleur argument de ma cause , c'est vous qui vous trouvez me l'avoir fourni.

» J'ai dit d'ailleurs, et je maintiens que la circonstance principale qui a donné lieu à l'article de *la* M*ode* subsiste réellement, et qu'elle n'est pas contestable; j'en apporte une nouvelle preuve : Voici deux journaux de province qui annoncent le départ de Paris de l'étranger dont le journal s'est occupé ; lorsqu'ils ont fait mention de ce fait, le dernier numéro de LA MODE ne pouvait pas leur être encore parvenu ; les dates le prouvent. J'ajoute, et je maintiens encore que tous les incidens dont, au dire de LA MODE, cet étranger, par suite de sa ressemblance avec Louis-Philippe, aurait été la victime, peuvent en effet s'être présentés, qu'ils sont admissibles et vraisemblables ; que s'ils avaient eu lieu en effet, ils n'auraient pu motiver aucune poursuite contre ceux qui les auraient provoqués, qu'à plus forte raison ils ne peuvent compromettre en aucune manière le journal qui n'a fait que les raconter ;

»Un dernier mot sur ces poursuites désavouées tout à la fois et par la logique et par la nature de la cause elle-même : elles sont justes et nécessaires, vous a dit le ministère public, et la preuve c'est que nous les avons intentées; ce qui équivaut à soutenir que tous les prévenus sont coupables uniquement parce que le ministère public ne les trouve pas innocens ; et moi je prétends que c'est au contraire parce qu'il nous a fait poursuivre qu'il existe en notre faveur une présomption toute puissante de non culpabilité.

»Déjà plusieurs fois nos numéros avaient été saisis, et comme on suivait contre eux la marche indiquée par la juridiction ordinaire, ils avaient été renvoyés devant la chambre des mises en accusation ; mais dans sa sagesse elle les déclarait inoffensifs ; et, en dépit de la saisie, il fallait nous les rendre. Les mêmes hommes qui nous invitent aujourd'hui à recourir à votre indulgence, se sont enfin lassés de celle de nos magistrats qui n'était après tout que la plus stricte équité : il leur faut, à ces hommes de passion, dont le malheur est tel qu'à leurs yeux tout devient intention coupable, tout devient crime, il leur faut des formes de justice plus expéditives dont ils soient les souverains arbitres, et qui, pour ainsi dire, n'appartiennent qu'à eux seuls ; si la saisie les leur refuse, ils iront les demander à la citation directe. On ne veut plus de l'intervention des juges ordinaires, on redoute leur impartial examen, on espère enlever une condamnation par surprise ou de vive force, et nous voilà traduits devant vous!

»Ai-je eu tort de dire qu'une condamnation ainsi obtenue ne serait qu'un scandale ? Mais ce scandale, j'en ai le ferme espoir, n'aura pas lieu; s'il nous est impossible de nous réfugier sous l'égide du bon sens et de la justice de nos magistrats, nous invoquons le bon sens et la justice de nos jurés ! »

Cette improvisation, prononcée avec une entraînante chaleur, se termine au milieu d'un murmure d'approbation.

M. le président résume en quelques mots le débat, et pose à messieurs les jurés les questions suivantes :

Première question : Pierre Voillet de Saint-Philbert est-il coupable d'avoir commis une offense au roi, en insérant dans le numéro du 26 mars 1836 du journal LA MODE, dont il est gérant, imprimé, publié et distribué un article intitulé : *la ressemblance fâcheuse ?*

Deuxième question : Ladite offense a-t-elle eu pour but d'exciter au mépris de la personne du roi ?

Sur cette seconde question qui seule constituait, en cas de réponse affirmative, le crime d'attentat, le jury a répondu négativement.

Mais à la simple majorité de 7 contre 5, il a résolu affirmativement la première question. Cinq jurés sur douze ont pensé que notre article ne contenait rien d'offensant : une voix de plus en notre faveur entraînait notre acquittement.

La cour, après en avoir délibéré, condamne M. Voillet de St-Philbert, gérant de LA MODE, à SIX MOIS de prison et à QUATRE MILLE FRANCS d'amende.

Bien que, dans cette circonstance, la loi du 9 septembre, quant à la peine, n'ait pas été applicable, c'est cependant à cette douce législation que la Mode doit la condamnation qui vient de la frapper. Si notre crime eut été commis six mois plus tôt, nous étions innocens. Alors, il fallait 8 voix contre 4 pour décider la culpabilité. Aujourd'hui, la simple majorité suffit; mais suffira-t-elle toujours? Les acquittemens *scandaleux*, comme disait M. Persil, qui ont suivi les procès intentés à la *Quotidienne* et à la *Gazette*, doivent nous faire craindre que la stricte justice ne puisse plus se contenter de la part qu'elle s'est faite en septembre. On en viendra sans doute à exiger l'unanimité des voix pour l'acquittement; et, qui sait! peut-être faudra-t-il encore que le prévenu ait en sa faveur le réquisitoire de M. l'avocat-général Plougoulm.

LA MODE AUX ROYALISTES.

La Mode, voyant la guerre acharnée que le parquet lui fait, au moment de l'attaque a dû compter ses amis; en relisant leurs noms elle a trouvé le vôtre en première ligne, et a pensé que vous soutiendriez son dévoûment de votre approbation, et que vous ne lui refuseriez pas votre avis. Six mois d'emprisonnement et quatre mille francs d'amende, voilà la victoire remportée sur la liberté de la presse par les haines du ministère. Les royalistes ne se tromperont ni sur la pensée politique de notre procès, ni sur le but de cette dure condamnation. *La Mode* gêne le pouvoir actuel, parce qu'elle sert la cause royaliste. On redoute son opposition énergique qui ne connaît ni transaction ni tempérament. On est implacable envers sa loyauté, parce qu'elle est sans pitié pour la trahison et pour la couardise. On veut à tout prix se débarrasser de cette vigilance pleine d'épigrammes, qui arrête les défections prêtes à s'effectuer, et qui, en couvrant les gens du juste-milieu, de honte et de ridicule, empêche leurs séductions de réussir, et fait reculer tout homme qui a encore quelque sentiment de noblesse et de loyauté dans l'âme, devant des avances qui ne pourraient que déshonorer ceux qui les accepteraient.

C'est là le titre de *La Mode* aux haines du parquet, c'est là aussi son titre au sympathies des royalistes. Sous sa forme légère, elle a rendu, depuis cinq ans, à l'opinion dont elle se fait gloire d'être l'organe, des services qui ne pouvaient lui être rendus que par elle. *La Mode*, c'est la puissance des salons incarnée dans la presse. Puissance terrible à tout système qui l'a contre lui, terrible surtout en France, ce pays où l'esprit n'a jamais perdu son sceptre. Puissance par laquelle il faut se faire accepter, si l'on veut prendre racine; puissance devant laquelle tremblait encore Bonaparte, lorsque l'Europe entière tremblait devant lui.

Eh bien! *La Mode* à tant et si bien fait, que ce monde des salons est demeuré hostile aux hommes du juste-milieu. Cette haute influence d'esprit, d'éloquence, de bon goût lui est contraire. Il est tout puissant si l'on veut, mais il n'est pas reçu. C'est ainsi, qu'en faisant des épigrammes, *La Mode* a fait de la politique générale et de la diplomatie.

Mais là ne se sont point arrêtés encore ces services : organe de la jeunesse royaliste toute entière, comme de la haute aristocratie, si elle a exercé l'influence élégante et polie des salons, elle a tenu aussi à prouver, par la vigueur de sa politique, que comme cette loyale et brave jeunesse, elle avait du sang dans les veines, et du courage dans le cœur. Sa parole a toujours été haute et fière, et dans l'armée de la presse royaliste, elle a choisi la meilleure place, c'est-à-dire la plus voisine du danger.

En entrant sur ce champ de bataille, où elle combat depuis cinq ans, elle savait quels périls l'y attendaient, quels obstacles elle aurait à vaincre, quelles haines à braver ; mais cette considération ne l'a point arrêtée un instant. Haines, obstacles, périls, elle a tout défié. Les menaces ne l'ont point fait reculer d'un pas, les persécutions l'ont laissée inébranlable, et, aujourd'hui comme hier, ses amis et ses ennemis la retrouveront à son poste, ceux-là pour les défendre, ceux-ci pour les attaquer.

C'est que si *La Mode* savait qu'elle entreprenait une tâche périlleuse et difficile, elle savait aussi qu'elle avait affaire à une opinion d'intelligence, de loyauté et de fermeté politique, qui n'abandonnait jamais les siens, et qui, capable de tous les dévoûments, ne désertait jamais le dévoûment de ses défenseurs. Elle savait que les royalistes comptaient sur elle, et elle comptait aussi sur les royalistes. Elle s'inspirait de leur esprit, s'animait de leur courage, s'échauffait de leurs sentimens, et se croyait assez forte contre tous ses adversaires, parce qu'elle avait, derrière elle, la force de cette noble et généreuse opinion qui survit à toutes ses catastrophes et qui grandit dans l'adversité.

Aujourd'hui encore *La Mode* est tranquille, parce qu'elle sait qu'elle a trop bien placé sa confiance pour qu'elle soit déçue. On l'a dit avec raison, elle est une avant-garde ; mais l'armée n'est pas loin, et elle accourera à ce cri bien connu des oreilles françaises : *A moi, d'Auvergne, voici l'ennemi !*

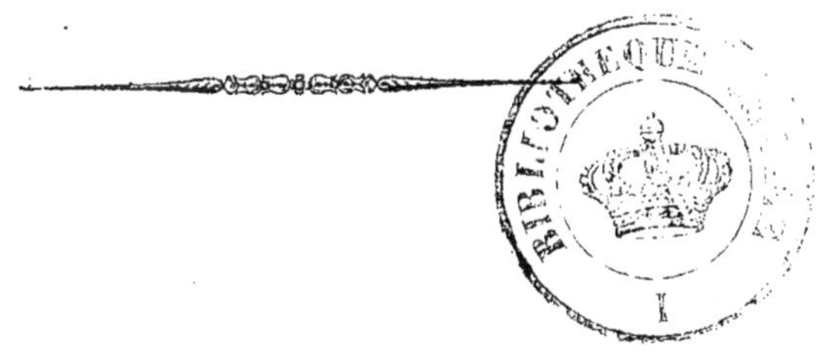

Imprimerie d'EDOUARD PROUX et Comp.,
rue Neuve-des-Bons-Enfans, 3.

9 782019 965952